I Migliori Business Online da fare nel 2024-2025

SOMMARIO:

Capitolo 1:Pro e Contro dell'E-commerce con Focus su Prodotti Sostenibili   5

Capitolo 2:Servizi di Sottoscrizione e Abbonamento   9

Capitolo 3: Educazione Online e Corsi di Formazione   14

Capitolo 4: Piattaforme di Creazione Collaborativa   18

Capitolo 5: Affiliate Marketing e Influencer Marketing   24

Capitolo 6: Creazione di Contenuti Video   29

Capitolo 7: Business di Abbonamento per Content Creators   33

Capitolo 8: Trading di Domini   38

Capitolo 9: Blogging e Personal Branding 43

Capitolo 10: Business Basati sull'Intelligenza Artificiale   47

Capitolo 11: Soluzioni di Lavoro Remoto e
Freelance   52

Capitolo 12: Vendita di Prodotti Digitali   56

Capitolo 13: Drop Shipping e Produzione su
Domanda   60

Capitolo 14: Servizi di Consulenza per Smart
Home   64

Capitolo 15: Servizi di Consulenza Aziendale
Specializzata in Transizione Digitale   68

Capitolo 16: Educazione Finanziaria e
Investimento   72

Capitolo 17: App per la Prenotazione di
Servizi per Animali Domestici   77

Capitolo 18: Co-Hosting   81

Capitolo 1:

Pro e Contro dell'E-commerce con Focus su Prodotti Sostenibili

L'e-commerce focalizzato su prodotti sostenibili rappresenta una delle tendenze più promettenti per il 2024-2025, guidato dalla crescente consapevolezza ambientale e dalla domanda di mercato per soluzioni ecologiche. Tuttavia, come ogni settore, presenta sia vantaggi che sfide.

Pro:

1. Crescita del Mercato dei Prodotti Sostenibili
   - La domanda per prodotti sostenibili è in aumento. Consumatori sempre più informati e attenti all'impatto ambientale cercano prodotti che abbiano un minor impatto ecologico, favorendo aziende che promuovono pratiche sostenibili. Questo trend è supportato non solo da consumatori finali ma anche da investitori e marchi che vedono nel verde uno dei colori del futuro business.

2. Differenziazione sul Mercato
   - Offrire prodotti sostenibili può differenziare un'azienda dalla concorrenza. Con molti prodotti diventando commodity, l'ecosostenibilità diventa un fattore distintivo che può giustificare prezzi premium, aumentando così il margine di profitto.

3. Riduzione dei Costi a Lungo Termine
   - L'efficienza energetica e l'uso di materiali riciclati o riciclabili possono ridurre i costi operativi nel tempo. Anche se l'investimento iniziale potrebbe essere alto, i benefici economici a lungo termine sono significativi, specialmente con l'aumento dei costi energetici e delle materie prime.

4. Riduzione dell'Impronta Ecologica
   - L'e-commerce, se gestito in modo sostenibile, può avere un minore impatto ambientale rispetto al commercio tradizionale. Ad esempio, la logistica ottimizzata può ridurre le emissioni di CO_2 associati al trasporto, e l'uso di imballaggi sostenibili diminuisce la quantità di rifiuti.

5. Supporto Giuridico e Normativo
   - Con leggi che promuovono la sostenibilità, come quelle che mirano a ridurre le emissioni

di gas serra, le aziende che adottano pratiche verdi possono beneficiare di incentivi fiscali, agevolazioni e un quadro legale più favorevole.

Contro:

1. Alti Costi Iniziali di Implementazione
   - Implementare pratiche sostenibili può richiedere investimenti significativi in ricerca, sviluppo, e cambiamenti nella supply chain. Questo può essere un deterrente per le piccole e medie imprese con risorse limitate.

2. Complessità della Supply Chain
   - Garantire che l'intera supply chain sia sostenibile è complesso. Ogni passo, dalla produzione al trasporto, deve essere monitorato e certificato, aumentando la difficoltà e i costi di gestione.

3. Rischio di Greenwashing
   - C'è un rischio crescente di greenwashing, dove le aziende esagerano o falsificano la loro sostenibilità per guadagnare credito. Questo può danneggiare la fiducia dei consumatori e portare a sanzioni legali se scoperto.

4. *Limitata Accettazione dei Prodotti*

- Non tutti i segmenti di mercato sono pronti per prodotti sostenibili, specialmente se questi implicano cambiamenti significativi nelle abitudini di consumo o se i prodotti sono percepiti come meno efficaci o desiderabili rispetto ai loro equivalenti non sostenibili.

5. *Difficoltà di Certificazione e Standardizzazione*

- Il mercato dei prodotti sostenibili è frammentato con molteplici standard e certificazioni. Per un'azienda, ottenere tutte le certificazioni rilevanti può essere costoso e complicato, specialmente se operano a livello internazionale dove gli standard possono variare.

6. *Cambiamento Tecnologico e di Mercato*

- L'innovazione in questo campo è rapida; ciò che è considerato sostenibile oggi potrebbe non esserlo domani. Le aziende devono essere pronte a reinventarsi continuamente per mantenere la loro posizione di leadership.

Conclusione

L'e-commerce con focus su prodotti sostenibili offre un terreno fertile per l'innovazione e la crescita, sfruttando le tendenze globali verso la sostenibilità. Tuttavia, richiede una pianificazione accurata, un impegno finanziario iniziale e una continua adattabilità alle nuove norme e alla percezione dei consumatori. Le aziende che riescono a bilanciare questi pro e contro, navigando con successo tra le aspettative dei consumatori e le sfide operative, saranno quelle che definiranno il futuro del commercio elettronico sostenibile. Questo capitolo di un libro sui migliori business online del 2024-2025 non solo riflette la direzione verso cui il mercato si sta spostando ma offre anche una guida su come affrontare le sfide in un settore sempre più competitivo e consapevole.

Capitolo 2:

Servizi di Sottoscrizione e Abbonamento

Pro e Contro dei Servizi di Sottoscrizione e Abbonamento per Prodotti Fisici e Digitali nel 2024-2025

Pro dei Servizi di Sottoscrizione e Abbonamento

1. Entrate Ricorrenti: Uno dei benefici principali per le aziende è la creazione di un flusso di cassa prevedibile. L'abbonamento assicura entrate regolari, il che è cruciale per la pianificazione finanziaria e la crescita sostenibile.

2. Fedeltà del Cliente: Gli abbonamenti possono aumentare la fedeltà del cliente, poiché la natura ricorrente del servizio o prodotto tende a creare una relazione continua tra il consumatore e il marchio.

3. Personalizzazione e Comodità: Gli abbonamenti offrono spesso la possibilità di personalizzare le consegne in base alle preferenze del cliente, migliorando l'esperienza d'uso e la soddisfazione.

4. Abbassamento del Costo di Acquisizione del Cliente (CAC): Una volta che un cliente si abbona, il costo per mantenere questo cliente è generalmente più basso rispetto all'acquisizione di nuovi clienti.

5. Innovazione e Aggiornamenti Continuativi: Specialmente per prodotti tecnologici, gli abbonamenti possono includere aggiornamenti software o hardware, mantenendo il prodotto all'avanguardia senza costi aggiuntivi per il cliente.

6. Gestione dell'Inventario: Per i prodotti fisici, come abbigliamento o prodotti di consumo, gli abbonamenti possono aiutare a gestire meglio l'inventario, riducendo i rischi associati al rimanenze invendute.

7. Marketing Facilitato: Gli abbonati offrono un pubblico cattivo per campagne di marketing mirate, poiché le aziende possono raccogliere dati preziosi sui comportamenti e le preferenze dei consumatori.

Contro dei Servizi di Sottoscrizione e Abbonamento

1. Soddisfazione del Cliente: Non tutti i clienti apprezzano il modello di abbonamento. Alcuni preferiscono acquisti one-off, sentendo che hanno più controllo sui costi e la proprietà dei prodotti.

2. Difficoltà di Cancellazione: Spesso, gli abbonamenti possono essere difficili da cancellare, portando a frustrazione e una percezione negativa del marchio.

3. Costi Aggiuntivi: Per i consumatori, il costo mensile può sembrare gestibile, ma nel lungo termine, potrebbe risultare più costoso rispetto all'acquisto diretto, specialmente se l'uso del prodotto è intermittente.

4. Sovraccarico di Prodotti: Gli abbonamenti per prodotti fisici possono portare a un accumulo di beni che il cliente non necessariamente desidera o utilizza frequentemente.

5. *Privacy e Dati*: Con l'abbonamento, le aziende raccolgono dati sui clienti, cosa che può sollevare preoccupazioni sulla privacy e su come questi dati vengono utilizzati o condivisi.

6. *Dipendenza dal Modello di Business*: Aziende che si affidano troppo agli abbonamenti possono essere vulnerabili a cambiamenti nei comportamenti dei consumatori o a concorrenti che offrono alternative migliori o meno costose.

7. *Innovazione e Sostituzione*: Mentre gli aggiornamenti possono essere un pro, ci sono casi in cui gli abbonamenti possono spingere verso l'obsolescenza programmata, dove i

prodotti sono progettati per essere sostituiti o aggiornati più frequentemente del necessario.

Considerazioni Finali

Il modello di abbonamento per prodotti fisici e digitali rappresenta una tendenza significativa nel 2024-2025, offerta da piattaforme come Shopify, Squarespace, e soluzioni specializzate come Recurly per gli abbonamenti online. Questi servizi sfruttano l'integrazione con vari gateway di pagamento e strumenti di marketing per facilitare la vendita e la gestione degli abbonamenti. Tuttavia, mentre offre numerosi vantaggi in termini di comodità e flessibilità per i consumatori e stabilità finanziaria per le aziende, presenta anche sfide significative, specialmente in termini di gestione della soddisfazione del cliente e della privacy. Le aziende devono bilanciare l'innovazione con la necessità di mantenere una relazione trasparente e vantaggiosa con il cliente, evitando pratiche che potrebbero essere percepite come sfruttative o invasive.

Capitolo 3:

Educazione Online e Corsi di Formazione

Pro e Contro dell'Educazione Online e dei Corsi di Formazione nel 2024-2025

Pro dell'Educazione Online

1. Accessibilità: L'educazione online abbatte le barriere geografiche e temporali. Gli studenti possono accedere a corsi e materiali formativi da qualsiasi parte del mondo, a qualsiasi ora, rendendo l'apprendimento più inclusivo.

2. Flessibilità: Gli studenti possono gestire il proprio tempo di studio, adattando l'apprendimento alle proprie vite personali e professionali. Questo è particolarmente vantaggioso per chi lavora o ha impegni familiari.

3. Costi Ridotti: Spesso, i corsi online sono meno costosi rispetto alle tradizionali forme di educazione, dato che non ci sono spese per spostamenti, materiali didattici fisici, o affitto di spazi.

4. Varietà di Corsi: La piattaforma online permette di offrire una vasta gamma di corsi, dalla formazione tecnica a quella artistica o di sviluppo personale, coprendo nicchie di mercato che potrebbero non essere servite localmente.

5. Aggiornamento Costante: Gli educatori possono facilmente aggiornare i contenuti dei corsi per riflettere le ultime tendenze e tecnologie, garantendo che gli studenti ricevano informazioni sempre attuali.

6. Interattività e Collaborazione: Attraverso forum, chat, e strumenti di collaborazione, l'e-learning può offrire un ambiente interattivo dove gli studenti possono discutere e collaborare su progetti, anche se virtualmente.

7. Scalabilità: Per chi crea corsi, l'e-learning offre la possibilità di scalare il business senza un aumento proporzionale dei costi, poiché i corsi possono essere replicati a un numero infinito di studenti.

Contro dell'Educazione Online

1. Mancanza di Interazione Fisica: La formazione online può mancare dell'interazione personale che alcune persone trovano essenziale per l'apprendimento efficace. La motivazione e il senso di comunità possono essere più difficili da mantenere.

2. Qualità del Contenuto: Non tutti i corsi online sono creati con la stessa cura o qualità. Ci può essere una sovrapposizione di materiale di bassa qualità o non aggiornato, il che può danneggiare la percezione dell'e-learning.

3. Problemi Tecnici: La dipendenza dalla tecnologia significa che problemi come connessioni lente o malfunzionamenti software possono interrompere l'apprendimento.

4. Difficoltà di Validazione: Alcuni datori di lavoro e istituzioni potrebbero non riconoscere le certificazioni o i diplomi ottenuti attraverso corsi online, specialmente se non sono accreditati da enti riconosciuti.

5. Disciplina Personale: Richiede una grande autodisciplina. Senza la struttura di un ambiente di apprendimento fisico, molti studenti possono trovare difficile mantenere un programma di studio.

6. *Fatica digitale*: Con l'aumento della dipendenza dagli schermi per l'apprendimento, c'è un rischio di fatigue digitale, che può influenzare la salute mentale e fisica degli studenti.

7. *Privacy e Sicurezza:* La condivisione di dati personali e la partecipazione a forum online possono sollevare preoccupazioni riguardo alla privacy e alla sicurezza dei dati degli studenti.

Considerazioni Finali

L'e-learning e i corsi di formazione online rappresentano una delle rivoluzioni più significative nel campo dell'educazione. La loro capacità di raggiungere un vasto pubblico, offrire flessibilità e coprire una varietà di argomenti è innegabile. Tuttavia, questo modello non è senza sfide. La chiave per il successo in questo settore risiede nella capacità di bilanciare le opportunità offerte dalla tecnologia con la necessità di mantenere standard educativi elevati, un ambiente di apprendimento coinvolgente, e un supporto adeguato per affrontare le debolezze intrinseche del formato online.

Per gli imprenditori interessati a entrare nel settore dell'e-learning, è cruciale investire in contenuti di alta qualità, strumenti di interazione avanzati, e supporto continuo per gli studenti, nonché in accreditamenti che possano aumentare la fiducia dei partecipanti e dei datori di lavoro. L'evoluzione continua della tecnologia e le aspettative degli utenti richiedono anche un adattamento costante dei metodi di insegnamento e delle piattaforme di erogazione dei corsi.

Capitolo 4:

Piattaforme di Creazione Collaborativa

Introduzione

Negli ultimi anni, il concetto di crowdsourcing creativo ha guadagnato terreno, specialmente con l'avvento delle piattaforme di creazione collaborativa. Questi siti permettono agli utenti di partecipare attivamente alla creazione di prodotti unici, che vanno dalla moda personalizzata all'arte e ai prodotti artigianali. Questo modello non solo risponde alla crescente domanda di personalizzazione ma anche alla desiderio di coinvolgimento attivo nella produzione dei beni che consumiamo. In questo capitolo, esploreremo i vantaggi e gli svantaggi di queste piattaforme, fornendo un quadro completo per chi vuole avventurarsi in questo settore.

Pro

1. *Personalizzazione e Unicità dei Prodotti*
   - _Diversità Creativa:_ Le piattaforme di creazione collaborativa offrono un'ampia gamma di stili e idee, grazie alla partecipazione di utenti da tutto il mondo. Questo assicura che i prodotti finali siano unici e spesso irripetibili.

- _Soddisfazione Personale:_ Gli utenti possono vedere il proprio contributo trasformato in un prodotto reale, il che aumenta il valore percepito del prodotto stesso. La personalizzazione non è solo un'opzione, ma diventa un'esperienza.

2. *Coinvolgimento della Comunità*
   - *Comunità di Creatori:* Queste piattaforme creano una comunità di artisti, designer e appassionati che condividono idee e tecniche. Questo scambio di conoscenze può portare a innovazioni e miglioramenti continui.

- *Feedback in Tempo Reale:* Gli utenti possono ricevere feedback immediato dai loro pari, migliorando così la qualità del prodotto finale. Questo processo iterativo è spesso più rapido rispetto ai tradizionali metodi di sviluppo del prodotto.

3. *Economie di Scala e Costi Ridotti*
   - *Distribuzione delle Competenze:* La collaborazione distribuisce il lavoro tra molti partecipanti, riducendo il carico su qualsiasi singolo individuo. Questo può portare a una maggiore efficienza e a costi di produzione più bassi.

- *Accesso a Materiali e Tecnologie:* Grazie alla rete globale, i creatori possono accedere a materiali e tecnologie che potrebbero essere inaccessibili localmente, ampliando le possibilità di creazione.

4. *Sostenibilità e Consumo Responsabile*
   - *Riduzione degli Sprechi:* La produzione su richiesta e la personalizzazione possono ridurre il surplus di merci non vendute, favorendo un modello di consumo più sostenibile.
   - *Conoscenza dei Prodotti:* Gli utenti sono spesso più consapevoli dei materiali utilizzati e delle pratiche di produzione, favorendo scelte più informate e responsabili.

Contro

1. *Gestione della Qualità*
   - *Variabilità nella Qualità:* Con molte mani che lavorano sullo stesso progetto, la qualità può variare notevolmente. Mantenere uno standard elevato può essere una sfida, specialmente se i contributori hanno livelli di esperienza molto diversi.

- *Controllo del Progetto:* La gestione di un progetto collaborativo può diventare complessa, con il rischio di perdere la coerenza del design o di incontrare ritardi dovuti a cattiva comunicazione.

2. *Diritti di Proprietà Intellettuale*
   - *Proprietà dei Progetti*: Stabilire chi possiede i diritti di un progetto collaborativo può essere problematico. Spesso, i termini di servizio delle piattaforme non sono chiari su chi detiene i diritti dei prodotti finali.

   - *Plagio e Copia:* La facilità con cui le idee possono essere condivise aumenta anche il rischio di plagio o di utilizzazione non autorizzata delle creazioni.
3. *Scalabilità e Logistica*

   - *Gestione della Produzione:* Avere un prodotto collaborativo significa spesso avere una produzione distribuita. La logistica di assemblare, confezionare e spedire prodotti fatti da più parti può diventare un incubo organizzativo.

   - *Scalabilità:* Mentre i piccoli progetti possono funzionare bene, scalare un'operazione di produzione collaborativa a livello industriale presenta numerose sfide tecniche e logistiche.

4. *Aspecti Sociali e Psicologici*

- *Disputa e Conflitti:* La collaborazione può portare a conflitti, specialmente se i partecipanti hanno visioni creative divergenti o se c'è competizione per il riconoscimento.

- *Fatica della Scelta*: Troppa scelta e troppo coinvolgimento possono causare indecisione o "fatica della scelta", dove gli utenti trovano difficile decidere su ogni dettaglio del prodotto.

Conclusione

Le piattaforme di creazione collaborativa rappresentano un'evoluzione significativa nel modo in cui produciamo e consumiamo beni. Offrono un livello di personalizzazione e coinvolgimento che è difficile trovare altrove, ma non sono esenti da sfide. La gestione della qualità, i diritti di proprietà intellettuale, e le complessità logistiche sono ostacoli che devono essere affrontati con cura. Tuttavia, per chi riesce a navigare questi ostacoli, il potenziale per creare un modello di business innovativo e coinvolgente è enorme. Questo capitolo serve come guida per comprendere sia le opportunità che le insidie di questo nuovo paradigma di produzione e consumo.

Capitolo 5:

Affiliate Marketing e Influencer Marketing

Il marketing di affiliazione e l'influencer marketing rimangono pilastri del business online, specialmente nel panorama del 2024-2025. Questi modelli offrono modi innovativi per commercializzare prodotti e servizi, ma come ogni strategia di business, hanno i loro vantaggi e svantaggi. Esploriamoli in profondità.

Pro

1. *Costo-Efficacia*

- _Nessun Costo di Produzione:_ L'affiliate marketing permette alle aziende di vendere i loro prodotti senza sostenere i costi di produzione o stoccaggio. Gli affiliati promuovono gratuitamente il prodotto, ricevendo una commissione solo se portano a una vendita o azione desiderata.

- _Pagamento per Performance:_ Nel marketing degli influencer, le aziende spesso pagano solo per i risultati concreti, sia in termini di vendite che di engagement. Questo modello "paga per prestazione" riduce i rischi finanziari per le aziende.

2. _Accesso a Nicchie di Mercato_
- _Micro-Influencer:_ Come evidenziato da alcuni utenti di X, i micro-influencer tendono ad avere un pubblico più fedele e coinvolto. Promuovere attraverso questi canali può portare a una conversione più alta perché il pubblico percepisce l'influencer come più autentico e affidabile.

- _Specializzazione:_ Gli affiliati e gli influencer possono specializzarsi in nicchie specifiche, raggiungendo così un pubblico che è già interessato ai prodotti o servizi promossi, aumentando le probabilità di conversione.

3. *Scalabilità*
- *Rete di Promozione:* Con l'affiliate marketing, più affiliati possono promuovere lo stesso prodotto, creando una rete di marketing globale senza la necessità di gestire direttamente le campagne pubblicitarie.

- *Espansione Rapida:* L'influencer marketing può essere scalato rapidamente utilizzando influencer di diverse dimensioni e specializzazioni, coprendo così un mercato più ampio o più nicchie contemporaneamente.
4. *Feedback e Miglioramento del Prodotto*
- *Interazione Diretta*: Gli influencer e gli affiliati spesso ricevono feedback diretto dai loro follower, che può essere prezioso per le aziende per migliorare i loro prodotti o servizi.

Contro

1. *Dipendenza da Terzi*
- *Controllo Limitato*: Le aziende che utilizzano l'affiliate marketing e l'influencer marketing hanno un controllo limitato su come i loro prodotti vengono presentati o su chi li promuove, il che può portare a rappresentazioni inaccurate o little-flattering.

- *Affidabilità degli Influencer:* Gli influencer possono perdere credibilità per vari motivi, danneggiando così l'immagine del marchio che stanno promuovendo.

2. *Saturazione e Sovraesposizione*
- *Fatica dell'Utenza:* Con l'aumento della concorrenza, gli utenti potrebbero diventare indifferenti o scettici verso il marketing degli influencer, vedendo queste promozioni come meno autentiche o troppo invadenti.

- *Concorrenti:* La facilità di accesso all'affiliate marketing significa che il mercato è saturo, rendendo difficile distinguersi e ottenere buoni risultati senza un valore aggiunto unico.

3. *Gestione e Monitoraggio*
- *Qualità delle Collaborazioni:* Trovare e gestire collaborazioni con influencer o affiliati di qualità può essere un compito arduo, richiedendo tempo e risorse per assicurare che i partner siano effettivamente in grado di influenzare positivamente il pubblico target.

- *Tracciabilità:* La misurazione dell'efficacia delle campagne di marketing attraverso affiliati o influencer può essere complessa, specialmente se non si hanno strumenti adeguati per tracciare le vendite o l'engagement.

4. *Aspecti Legali ed Etica*
- *Divulgazione*: C'è un'attenzione crescente alle normative che richiedono agli influencer di dichiarare le collaborazioni e le promozioni. Non farlo può portare a problemi legali o alla perdita di fiducia del pubblico.

- *Autenticità:* Mantenere un equilibrio tra promozioni e contenuti autentici è cruciale. Se i contenuti sembrano troppo sponsorizzati, l'influencer può perdere la sua base di fan.

Conclusione

L'affiliate marketing e l'influencer marketing, nonostante le loro sfide, rimangono potenti strumenti nel mondo del business online. La chiave per massimizzare i benefici e minimizzare i rischi sta nella selezione accurata dei partner, nella gestione attenta delle campagne, e nell'innovazione continua delle strategie di promozione. L'adozione di micro-influencer, la specializzazione in nicchie, e una comunicazione trasparente possono trasformare questi modelli in leve efficaci per il successo aziendale nel 2024-2025. Tuttavia, è essenziale rimanere vigili sulle tendenze del mercato e adattarsi alle mutevoli dinamiche del comportamento dei consumatori e delle regolamentazioni.

Capitolo 6:

Creazione di Contenuti Video

La creazione di contenuti video è diventata uno dei settori più dinamici e promettenti per chi desidera avviare un business online nel 2024-2025. Questo capitolo esplorerà i pro e i contro della creazione di contenuti video, focalizzandosi su come questa attività può influenzare il successo di un business online.

Pro della Creazione di Contenuti Video:

1. *Engagement e Preferenza Utenti:* Secondo le tendenze attuali, il 72% degli utenti preferisce i video rispetto ai testi. Questo non solo riflette un cambio di abitudine di consumo, ma anche un'opportunità per aumentare l'engagement. I video catturano l'attenzione immediata, aumentano il tempo di permanenza sul sito, e migliorano la probabilità di conversione.

2. *Ottimizzazione SEO*: I contenuti video hanno un impatto significativo sull'ottimizzazione dei motori di ricerca. Google possiede YouTube, e l'integrazione tra i due significa che i video ben ottimizzati possono apparire nei risultati di ricerca, aumentando la visibilità del contenuto.

3. *Condivisione e Virilità:* I video hanno un'elevata probabilità di essere condivisi rispetto ai testi, grazie alla loro natura visiva e coinvolgente. Questo fenomeno può portare a un'esposizione virale, aumentando esponenzialmente il pubblico.

4. *Generazione di Entrate*: Monetizzare i video attraverso piattaforme come YouTube (adsense, super chat, membership) o attraverso sponsorizzazioni, affiliazioni, e

vendite di prodotti può diventare un flusso di reddito significativo.

5. *Strumenti di AI:* L'avvento di strumenti AI per la creazione di contenuti video, come Synthesia e Pictory, ha abbassato la soglia di ingresso per la produzione di video di alta qualità. Questi strumenti offrono modelli, avatar, e risorse che consentono anche a chi non ha competenze di editing di creare video professionali.

6. *Personalizzazione e Scalabilità:* Gli strumenti AI non solo aiutano nella creazione ma anche nella personalizzazione dei contenuti per diversi segmenti di pubblico, facilitando la scalabilità della produzione di contenuti.

Contro della Creazione di Contenuti Video:

1. *Costi e Tempo*: Anche se gli strumenti AI riducono i costi, la produzione di video di alta qualità richiede ancora tempo, risorse, e spesso, investimenti in attrezzature o software. La post-produzione, nonostante l'AI, può essere dispendiosa in termini di tempo.

2. *Concorrenza*: Il mercato è saturo. L'ingresso di nuovi creatori di contenuti video è alto, rendendo difficile distinguersi. La concorrenza per l'attenzione degli spettatori è feroce, richiedendo continui sforzi per innovare e mantenere un pubblico fedele.

3. *Dipendenza dalla Piattaforma*: Creare contenuti per piattaforme come YouTube significa dipendere da loro per la distribuzione e la monetizzazione. Cambiamenti nelle politiche (come demonetizzazione, algoritmi di raccomandazione) possono impattare negativamente il business.

4. *Qualità e Professionalità:* Anche se gli strumenti AI migliorano, la qualità dei video può ancora essere un problema se non si ha un occhio per l'editing o la narrazione. La qualità audiovisiva è cruciale per mantenere l'interesse degli spettatori.

5. *Diritti e Licensing*: L'uso di musica, immagini, o qualsiasi elemento creativo richiede attenzione ai diritti d'autore. Questo può limitare la creatività o richiedere ulteriori costi per licenze.

6. *Feedback e Comunicazione*: Mentre i video sono eccellenti per l'engagement, non offrono

una comunicazione bidirezionale immediata come i testi o i social media tradizionali. Questo può ridurre l'interazione diretta con il pubblico.

Conclusione:

La creazione di contenuti video per il business online nel 2024-2025 presenta un potenziale quasi illimitato per chi riesce a navigare attraverso i suoi pro e contro. La chiave sta nell'innovazione, nell'uso intelligente delle tecnologie AI, e nella capacità di creare contenuti che risuonano emotivamente e informativamente con il pubblico. Nonostante i numerosi vantaggi, come l'engagement e la SEO, è cruciale considerare i costi, la concorrenza, e la dipendenza dalle piattaforme. Per un business online che punta sulla creazione di video, l'equilibrio tra qualità, strategia di contenuti, e gestione dei costi sarà determinante per il successo.

Capitolo 7:

Business di Abbonamento per Content Creators

Business di Abbonamento per Content Creators: Pro e Contro

Nel panorama digitale del 2024-2025, il modello di business degli abbonamenti per content creators rappresenta una sfida intrigante e promettente. Questo capitolo esplorerà i vantaggi e gli svantaggi di avviare un business basato su abbonamenti, simile a Patreon, ma con un focus specifico su nicchie come la cultura, la scienza, o l'esplorazione.

Pro del Business di Abbonamento per Content Creators:

1. *Revenue Recurring*: Il modello di abbonamento offre entrate ricorrenti, che possono essere previste e pianificate. Questo stabilisce un flusso di cassa prevedibile, cruciale per la sostenibilità a lungo termine del business.

2. *Engagement Focused*: Gli abbonamenti premiano l'engagement. A differenza dei

modelli tradizionali basati sulle visualizzazioni, qui l'engagement con i fan diventa la chiave per il successo. Questo incoraggia la creazione di contenuti di alta qualità che mantengono gli abbonati interessati.

3. *Community Building:* Offrire contenuti esclusivi attraverso abbonamenti permette di costruire una comunità leale. I fan si sentono parte di qualcosa di esclusivo, aumentando la fedeltà e la partecipazione.

4. *Direct Relationship*: C'è una relazione diretta tra creator e fan. Questo modello taglia fuori gli intermediari, permettendo ai creator di conoscere i propri supporter e personalizzare i contenuti in base alle loro preferenze.

5. *Monetization of Passion*: Creator che operano in nicchie specifiche possono monetizzare la loro passione in modo efficace. Sfruttando una nicchia, possono offrire contenuti unici che non troverebbero in altri luoghi.

6. *Scalability:* Con l'uso di strumenti digitali e l'automazione, il modello di abbonamento può essere scalato senza un aumento

proporzionale dei costi, una volta che la base di abbonati cresce.

7. _Data Insights:_ Gli abbonamenti forniscono dati preziosi sull'audience, che possono essere utilizzati per migliorare i contenuti, prevedere future tendenze, e affinare la strategia di marketing.

Contro del Business di Abbonamento per Content Creators:

1. _Initial Resistance:_ Gli utenti possono essere resistenti all'idea di pagare per contenuti che sono abituati a trovare gratuitamente. Convincere il pubblico a pagare richiede un valore percepito molto alto.

2. _High Churn Rate_: Se i contenuti non soddisfano continuamente le aspettative, l'abbandono può essere elevato. Mantenere un alto livello di qualità richiede costante innovazione e impegno.

3. _Market Saturation:_ Con l'aumento dei creator che adottano questo modello, il mercato può diventare saturo, rendendo

difficile distinguersi. La competizione per abbonati può diventare feroce.

4. *Content Production Cost*: Creare contenuti esclusivi di alta qualità può essere costoso in termini di tempo e denaro. Questo può non essere immediatamente ripagato se il numero di abbonati cresce lentamente.

5. *Privacy and Security Concerns*: La gestione delle informazioni personali degli abbonati comporta responsabilità di sicurezza. Breach di dati o violazioni della privacy possono danneggiare irreparabilmente la fiducia.

6. *Dependence on Technology*: La dipendenza da piattaforme o tecnologie per gestire gli abbonamenti può portare a problemi se queste piattaforme modificano le loro politiche o tariffe.

7. *Monetizing Niche Interests*: Mentre una nicchia può essere redditizia, il pubblico potenziale è limitato. Trovare e mantenere un numero sufficiente di abbonati può essere sfidante.

Conclusione:

Il modello di abbonamento per content creators, specialmente in nicchie come la cultura, la scienza, o l'esplorazione, offre un'opportunità unica per creare un business sostenibile e profondamente coinvolgente. Tuttavia, richiede una strategia attenta per superare le resistenze iniziali, gestire la concorrenza, e garantire che il valore offerto giustifichi il costo per gli abbonati. La chiave del successo risiede nella capacità di creare una comunità leale, mantenere alta la qualità dei contenuti, e innovare costantemente per rimanere rilevanti in un mercato in continua evoluzione. Per i creator disposti a investire in questa visione, gli abbonamenti possono rappresentare una solida base di guadagno, ma non senza le sue sfide distintive.

Capitolo 8:

Trading di Domini

**Pro e Contro del Trading di Domini:
Acquistare e Vendere Nomi di Dominio**

Il trading di domini, noto anche come domain flipping, è una pratica che ha guadagnato popolarità negli ultimi anni, specialmente con l'espansione di internet e l'aumento dei siti web. Questo capitolo esplorerà i vantaggi e gli svantaggi di investire nel mercato dei nomi di dominio, offrendo una panoramica che può aiutare a capire se questo potrebbe essere un business online redditizio per il 2024-2025.

Pro

1. *Bassa Barriera all'Ingresso:*
   - Uno dei vantaggi principali del trading di domini è la relativa facilità con cui chiunque può iniziare. Non ci sono grandi costi iniziali se non il prezzo del dominio stesso, che può essere molto variabile ma generalmente accessibile.

2. *Potenziale di Alta Redditività:*
   - Alcuni domini possono valere milioni di dollari, come Toys.com venduto per 5,1 milioni di dollari. Se si riesce a ottenere un dominio con un alto valore percepito o di mercato, i profitti possono essere significativi.

3. *Scalabilità:*

- Il trading di domini può essere scalato facilmente. Una volta capito il mercato, si può gestire un portafoglio di domini con relativamente poco sforzo aggiuntivo, specialmente con l'uso di strumenti di gestione dei domini.

4. *Passività:*

- Dopo l'acquisto, un dominio può richiedere poca manutenzione. A differenza di altri business online come l'e-commerce o il blogging, non richiede contenuti o aggiornamenti costanti.

5. *Flessibilità e Autonomia:*

- Questo settore permette di lavorare da qualsiasi luogo, senza la necessità di un ufficio fisico o di un inventario fisico da gestire.

Contro

1. *Incertezza del Mercato*:

- Il valore di un dominio può essere molto soggettivo e dipendente da tendenze, brand nuovi, e persino da capricci del mercato. Non c'è una garanzia che un dominio acquistato oggi sarà vendibile domani.

2. *Alta Competizione*:

- Con l'aumento della consapevolezza su questo tipo di investimento, la concorrenza è alta. I migliori nomi di dominio sono spesso già presi o estremamente costosi.

3. *Rischio di Svalutazione:*

- Se il dominio acquistato non attrae acquirenti, potrebbe diventare un costo netto, considerando il rinnovo annuale. Non c'è un mercato secondario garantito come per altre forme di investimento.

4. *Tempo e Ricerca:*

- Trovare il dominio giusto richiede tempo, ricerca, e spesso una buona dose di intuizione. Non basta acquistare un dominio; bisogna saperlo vendere o aspettare il momento giusto.

5. *Legislazione e Normative*:

- Le leggi sui nomi di dominio possono variare, e ci sono rischi legali legati alla proprietà intellettuale, soprattutto se si tenta di vendere domini che potrebbero essere confusi con marchi esistenti.

6. _Costi di Gestione:_
   - Anche se i costi iniziali possono essere bassi, la gestione di molti domini implica spese annuali di rinnovo, che possono accumularsi se non si riesce a vendere i domini.

Considerazioni Finali
Il trading di domini può essere un business online redditizio, ma richiede una combinazione di fortuna, conoscenza del mercato, e una strategia di vendita efficace. La chiave è nel trovare domini con alto potenziale di rivendita, che potrebbe significare investire in nomi di dominio che rispecchino tendenze emergenti, parole chiave SEO rilevanti, o che possano essere utilizzati per brand nuovi o aziende in espansione.
Per massimizzare i pro e minimizzare i contro, è essenziale:
- _Educarsi Continuamente_: Il mercato dei domini cambia, e nuove estensioni (TLD) vengono aggiunte regolarmente.
- _Networking:_ Connettersi con altri trader di domini, potenziali acquirenti, e stare attenti alle tendenze di mercato.

- *Strategia di Uscita:* Avere un piano chiaro su quando e come vendere i domini per non incorrere in perdite.

In conclusione, mentre il trading di domini offre opportunità uniche nel panorama degli investimenti online, richiede un approccio ponderato e strategico per essere veramente redditizio. Con la giusta strategia e un po' di fortuna, potrebbe rappresentare un business interessante per il prossimo biennio.

Capitolo 9:

Blogging e Personal Branding

Pro e Contro del Blogging e Personal Branding: Una Guida per il 2024-2025

Nel panorama digitale contemporaneo, il blogging e il personal branding sono diventati piattaforme potenti per chi cerca di costruire una carriera online. Questo capitolo esplorerà i vantaggi e gli svantaggi di impegnarsi in queste attività, offrendo una panoramica che può aiutare a decidere se investire tempo e risorse in questo ambito.

Pro

1. _Costruzione di un'Autorità nel Settore:_
   - Scrivere un blog o sviluppare un brand personale ti permette di posizionarti come esperto nel tuo campo. Condividendo conoscenze e opinioni, si può acquisire un seguito che riconosce e apprezza il tuo lavoro, aumentando la tua credibilità.

2. _Monetizzazione Multipla_:
   - Ci sono diverse vie per monetizzare un blog o un personal brand: pubblicità tramite Google AdSense, affiliazioni, sponsorizzazioni, vendita di prodotti o servizi digitali, e persino

corsi o consulenze personalizzate. Questo offre un potenziale redditività elevata.

3. *Flessibilità e Autonomia:*
   - Lavorare come blogger o personal brand ti permette di lavorare da qualsiasi luogo, con un orario flessibile. Non ci sono limitazioni geografiche o temporali, solo la necessità di creare contenuti interessanti e di qualità.

4. *Costi di Ingresso Bassi:*
   - Iniziare un blog oggi è relativamente economico. Con piattaforme come WordPress, puoi iniziare con un costo minimo, rendendo accessibile questa forma di business a chiunque abbia un computer e accesso a Internet.

5. *Networking e Opportunità Professionali:*
   - Un blog o un forte personal brand può aprire porte a collaborazioni, opportunità di lavoro, e persino inviti a eventi o conferenze. Questo networking può portare a opportunità che non sarebbero altrimenti disponibili.

Contro

1. *Tempo e Impegno:*

- Creare contenuti di qualità richiede tempo. Non basta pubblicare occasionalmente; ci vuole una dedizione costante per mantenere un pubblico attivo e interessato. Questo può essere scoraggiante o non sostenibile per chi ha altri impegni.

2. *Difficoltà di Monetizzazione Iniziale:*
   - Prima di guadagnare, devi costruire una base di lettori. Questo significa che inizialmente potresti non vedere guadagni significativi, rendendo la fase di avvio economicamente sfidante.

3. *Saturazione del Mercato:*
   - Molti settori sono già saturi di blog e personal brand. Spiccarsi in un mercato affollato richiede una nicchia molto specifica, un'offerta unica, o una forte personalità che risalta.

4. *Ricerca di Continua Innovazione*:
   - Per mantenere l'interesse, bisogna continuamente innovare e seguire le tendenze. Questo può trasformarsi in una corsa senza fine per rimanere rilevanti, che potrebbe non essere adatta a chi cerca stabilità o un percorso prevedibile.

5. *Dipendenza dalla Comunità Online:*
   - La tua reputazione e il tuo successo possono dipendere molto dai feedback online, dalle interazioni sui social media, e dalla SEO. Una dipendenza così forte da questi fattori può essere instabile, specialmente con l'evoluzione delle piattaforme e degli algoritmi.

Considerazioni Finali

Il blogging e il personal branding nel 2024-2025 offrono un terreno fertile per chi è disposto a investire in sé stesso e nella creazione di contenuti. La chiave è trovare una nicchia dove si possa offrire qualcosa di unico, che parli direttamente a un pubblico specifico.

- *Educazione Continua:* La SEO, la scrittura di qualità, e la gestione dei social media sono competenze che bisogna costantemente aggiornare.

- *Networking e Collaborazione:* Instaurare relazioni con altri creatori può amplificare la tua visibilità e fornire supporto reciproco.
- *Strategia di Monetizzazione:* Sin dall'inizio, avere chiaro come si intende guadagnare può guidare le scelte di contenuti e promozione.

In conclusione, mentre il blogging e il personal branding possono essere estremamente gratificanti e redditizi, richiedono una strategia ben ponderata, dedizione e una buona dose di creatività per navigare le sfide del mondo digitale. Con la giusta approccio, possono rappresentare una delle opportunità più eccitanti e dinamiche nel panorama dei business online per il prossimo biennio.

Capitolo 10:

Business Basati sull'Intelligenza Artificiale

Pro dell'Intelligenza Artificiale nel Business

1. *Efficienza e Automazione:* L'IA può automatizzare compiti ripetitivi e noiosi, riducendo i costi operativi e aumentando l'efficienza. Questo trasforma processi come la gestione del servizio clienti, l'analisi dei dati, e l'integrazione di sistemi, rendendo le

operazioni aziendali più fluide e meno suscettibili a errori umani.

2. *Personalizzazione e User Experience*: Grazie all'apprendimento automatico, l'IA può offrire esperienze altamente personalizzate, sia in termini di marketing (pubblicità personalizzate) che di intrattenimento (raccomandazioni su piattaforme di streaming). Questo non solo aumenta l'engagement ma può anche migliorare la fedeltà del cliente.

3. *Analisi dei Dati e Decisioni Informate*: L'IA è uno strumento potente per l'analisi predittiva e descrittiva, permettendo alle aziende di fare previsioni basate su dati con un'accuratezza superiore all'80%. Questo supporta decisioni strategiche, ottimizzando la gestione delle scorte, le strategie di vendita, e la previsione dei trend di mercato.

4. *Innovazione e Differenziazione*: Implementare l'IA può posizionare un'azienda come leader innovativa nel suo settore, offrendo soluzioni che concorrenti senza IA potrebbero non essere in grado di replicare. Questo non solo attira talenti ma anche investimenti e clienti.

5. _Miglioramento della Salute e dell'Educazione:_ Applicazioni di IA possono migliorare la diagnosi medica, personalizzare piani di trattamento, o creare educazione su misura, migliorando significativamente la qualità della vita e l'efficacia dell'apprendimento.

Contro dell'Intelligenza Artificiale nel Business

1. _Costi di Implementazione e Manutenzione:_ Lo sviluppo e la manutenzione di sistemi IA richiedono investimenti significativi, sia in termini di capitale che di competenze. Non tutte le aziende possono permettersi di avviare o sostenere un progetto IA.

2. _Privacy e Sicurezza dei Dati_: L'uso dell'IA implica la gestione di grandi quantità di dati, spesso sensibili. Questo solleva preoccupazioni sulla privacy, con il rischio di violazioni che possono danneggiare la fiducia dei clienti e comportare sanzioni legali.

3. _Etica e Bias:_ Gli algoritmi di IA possono perpetuare o amplificare bias esistenti nei dati

di addestramento, portando a decisioni discriminatorie. Questo richiede un'attenzione costante alla gestione etica dell'IA, complicando il processo di sviluppo.

4. *Regolamentazione e Compliance*: Con l'introduzione di regolamenti come l'AI Act dell'UE, le aziende devono navigare attraverso una complessità di leggi che potrebbero variare significativamente da una giurisdizione all'altra, aumentando i costi di conformità e potenzialmente frenando l'innovazione.

5. *Impatto sul Lavoro*: Sebbene l'automazione possa migliorare l'efficienza, c'è una preoccupazione legittima riguardo alla perdita di posti di lavoro. Questo potrebbe portare a resistenze interne e sociali contro l'adozione dell'IA, influenzando negativamente il clima aziendale e la reputazione.

6. *Dipendenza e Sovraccarico di Informazioni:* L'affidarsi troppo all'IA potrebbe creare una dipendenza tecnologica, dove la perdita di competenze umane in specifici compiti potrebbe essere un rischio. Inoltre, l'IA può produrre talmente tante informazioni che diventa difficile per gli umani gestire e interpretare tutto correttamente.

Conclusione

L'intelligenza artificiale rappresenta un'opportunità senza precedenti per innovare e migliorare vari aspetti della vita quotidiana e del business. Tuttavia, la sua implementazione richiede una navigazione attenta attraverso le questioni etiche, legali, e sociali. Le aziende che riescono a bilanciare questi pro e contro, adottando l'IA con responsabilità e consapevolezza, potrebbero non solo prosperare ma anche definire nuovi standard nel loro settore. La chiave è nell'integrazione dell'IA come un partner che amplifica le capacità umane piuttosto che sostituirle, mantenendo sempre un focus sull'etica, la trasparenza, e il rispetto delle normative in continua evoluzione.

Capitolo 11:

Soluzioni di Lavoro Remoto e Freelance

Pro e Contro delle Soluzioni di Lavoro Remoto e Freelance

Il lavoro remoto e freelance ha rivoluzionato il concetto di lavoro tradizionale, offrendo nuove opportunità ma anche nuove sfide. Ecco un'analisi dettagliata dei pro e dei contro di queste soluzioni, considerando le tendenze e i dati disponibili fino al 2024-2025.

Pro del Lavoro Remoto e Freelance
- *Flessibilità*: Uno dei vantaggi principali è la flessibilità. I lavoratori remoti possono organizzare il loro tempo in modo autonomo, adattando gli orari di lavoro alla propria vita personale. Questo non solo migliora la qualità della vita ma permette anche una migliore gestione del lavoro e delle responsabilità domestiche.

- *Riduzione dei Cost*i: Lavorare da casa riduce significativamente i costi legati al pendolarismo, all'abbigliamento da ufficio, e alla mensa aziendale. Le aziende, d'altro canto, risparmiano sulle spese per l'ufficio, come affitti, manutenzione, e servizi.

- *Accesso a un Pool di Talent più Ampio*: Le aziende non sono più limitate dalla geografia per trovare talenti. Questo apre le porte a un mercato globale, permettendo il reclutamento di professionisti da tutto il mondo, potenzialmente riducendo i costi del lavoro.

- *Aumento della Produttività:* Secondo varie analisi, i lavoratori remoti spesso mostrano livelli di produttività aumentati, dovuti a un ambiente di lavoro più silenzioso e meno interruzioni. Inoltre, la possibilità di lavorare durante le ore di massima efficienza personale può portare a risultati migliori.

- *Miglioramento del Benessere Psicofisico*: L'assenza del pendolarismo riduce lo stress e i tempi di recupero. Inoltre, il lavoro remoto può offrire una maggiore soddisfazione personale, dato che spesso si può scegliere il proprio ambiente di lavoro.

- *Ambiente:* La riduzione del pendolarismo contribuisce a una minore emissione di CO_2, favorendo l'ambiente. Questo aspetto è sempre più valutato come un pro significativo in un'epoca di crescente consapevolezza ecologica.

Contro del Lavoro Remoto e Freelance

- _Isolamento Sociale_: La mancanza di interazione fisica con colleghi può portare a sentimenti di isolamento, che possono influire negativamente sul benessere mentale. Anche se le piattaforme digitali facilitano la comunicazione, l'interazione umana diretta ha un valore intrinseco che non può essere completamente sostituito.

- _Difficoltà di Collaborazione_: Nonostante i progressi tecnologici, la collaborazione remota può presentare sfide. La comunicazione asincrona e la mancanza di contatti faccia a faccia possono rallentare processi decisionali e creativi, o portare a malintesi.

- _Gestione del Tempo e Distrazioni_: Senza una struttura di ufficio, i lavoratori remoti possono trovarsi a dover gestire le distrazioni domestiche, che possono ridurre la produttività. La disciplina personale diventa cruciale, ma non tutti sono abili nel gestire il proprio tempo senza una struttura imposta.

- *Sicurezza e Privacy*: Il lavoro da casa può presentare rischi in termini di sicurezza informatica. Le reti domestiche sono spesso meno sicure rispetto a quelle aziendali, e la gestione di dati sensibili da casa richiede un'attenzione particolare alla cybersecurity.

- *Carriere e Opportunità di Promozione*: Essere fuori vista può significare fuori mente. Le opportunità di networking e visibilità all'interno dell'azienda possono diminuire, potenzialmente influenzando negativamente le carriere professionali e le promozioni.

- *Sostenibilità Economica per i Freelance*: Il lavoro freelance, mentre offre libertà, può anche essere instabile dal punto di vista economico. La mancanza di un contratto fisso può portare a periodi di incertezza finanziaria, a meno che non si sia in grado di garantire un flusso costante di clienti.

Conclusione

Le soluzioni di lavoro remoto e freelance offrono indubbi vantaggi in termini di flessibilità, riduzione dei costi, e accesso globale ai talenti. Tuttavia, comportano anche sfide significative come l'isolamento, la gestione del tempo, e questioni di sicurezza. Le aziende e i lavoratori devono trovare un equilibrio, ad esempio attraverso modelli ibridi che combinano il meglio di entrambi i mondi. La tecnologia continua a evolvere, promettendo soluzioni sempre più sofisticate per mitigare i contro del lavoro remoto, ma la chiave resta nella gestione umana di questi cambiamenti, bilanciando autonomia e connessione, produttività e benessere.

Capitolo 12:

Vendita di Prodotti Digitali

Pro della Vendita di Prodotti Digitali

- *Bassi Costi di Produzione e Distribuzione:*
Una volta creato un prodotto digitale, i costi marginali per la sua produzione e distribuzione sono praticamente nulli. Non ci sono costi legati alla spedizione, al magazzino o alla gestione del prodotto fisico. Questo permette margini di profitto più elevati.

- *Scalabilità e Reddito Passivo*: I prodotti digitali sono facilmente scalabili. Una volta creato e messo in vendita, il prodotto può generare reddito passivo. Questo significa che, con il giusto marketing, il prodotto può vendere sé stesso, permettendo al creatore di concentrarsi su nuove creazioni o altre attività.

- *Accessibilità Globale*: I prodotti digitali possono essere venduti ovunque nel mondo senza barriere geografiche. Questo amplia enormemente il mercato potenziale, permettendo di raggiungere clienti in qualsiasi paese senza costi aggiuntivi per la spedizione internazionale.

- *Flessibilità Creativa:* La vendita di prodotti digitali offre una piattaforma per artisti, scrittori, sviluppatori, e creativi in generale, di vendere le loro opere direttamente al pubblico senza intermediari, mantenendo così un controllo maggiore sul loro lavoro e sui loro guadagni.

- *Innovazione Costante*: Il settore dei prodotti digitali è in continua evoluzione, offrendo sempre nuove opportunità. Per esempio, la crescente domanda di realtà virtuale e aumentata può aprire mercati per modelli 3D o applicazioni immersive.

Contro della Vendita di Prodotti Digitali

- *Pirateria e Protezione del Diritto d'Autore*: La facilità di copiare e distribuire prodotti digitali illegalmente rappresenta una delle sfide principali. Sebbene esistano metodi per proteggere i contenuti, come filigrane o software di protezione, la pirateria rimane un rischio costante.

- *Difficoltà nel Prezzo e Posizionamento*: Stabilire un prezzo giusto per un prodotto digitale può essere complicato. La percezione del valore può variare molto, e ci può essere una tendenza a sottovalutare i prodotti digitali rispetto a quelli fisici.

- *Saturazione del Mercato*: Con la facilità di entrare nel mercato, molti settori, come eBook o musica, soffrono di una saturazione. Questo significa che il marketing e la differenziazione del proprio prodotto diventano cruciali per emergere.

- *Dipendenza dalla Tecnologia:* La vendita digitale dipende fortemente dalla tecnologia e dall'infrastruttura internet. Problemi tecnici, come piattaforme di vendita offline o problemi di connettività, possono interrompere le vendite.

- *Interazione e Feedback*: A differenza dei prodotti fisici, i prodotti digitali possono mancare di un feedback diretto e tangibile dall'utente. Senza un'interazione fisica, può essere difficile ottenere recensioni e feedback che aiutino a migliorare il prodotto.

Conclusione

La vendita di prodotti digitali online offre una piattaforma unica per la creatività e l'imprenditorialità, con vantaggi significativi in termini di costi, accessibilità, e potenziale di reddito passivo. Tuttavia, presenta anche sfide notevoli come la pirateria, la determinazione del prezzo, e la saturazione del mercato. Per chi decide di avventurarsi in questo settore, è essenziale avere una strategia chiara per la protezione dei diritti d'autore, un pricing strategico, e un forte focus sul marketing e sul posizionamento del brand. La chiave del successo risiede nell'innovazione continua e nella capacità di adattarsi alle rapide evoluzioni del mercato digitale.

Capitolo 13:

Drop Shipping e Produzione su Domanda

Pro e Contro del Drop Shipping e della Produzione su Domanda

Il drop shipping e la produzione su domanda sono due modelli di business che hanno rivoluzionato l'e-commerce, offrendo ai nuovi imprenditori un'opportunità per avviare attività con un investimento iniziale relativamente basso. Tuttavia, come ogni modello di business, presentano sia vantaggi che svantaggi.

Pro del Drop Shipping e della Produzione su Domanda

- *Bassi Investimenti Iniziali:* Uno dei principali vantaggi di questi modelli è la riduzione dei costi iniziali. Non è necessario acquistare stock, riducendo significativamente l'investimento necessario per avviare l'attività. Questo rende l'ingresso nel mondo dell'e-commerce accessibile a più persone.

- *Scalabilità:* Questi modelli sono estremamente scalabili. Con il drop shipping, ad esempio, puoi iniziare con pochi prodotti e poi espanderti man mano che cresce la domanda. La produzione su domanda consente di personalizzare prodotti in base alle richieste dei clienti senza preoccuparsi dell'inventario.

- *Gestione Semplificata del Magazzino:* Non avendo bisogno di gestire un inventario fisico, si eliminano problemi come la rotazione degli stock, lo spazio di stoccaggio, o la gestione delle scorte. Questo riduce notevolmente la complessità operativa e i costi associati.

- *Flessibilità nei Prodotti:* La possibilità di cambiare facilmente l'assortimento di prodotti senza l'onere di smaltire l'inventario esistente permette una maggiore agilità nel rispondere alle tendenze del mercato o alle preferenze dei consumatori.

- *Accesso a una Vasta Gamma di Prodotti:* Con il drop shipping, puoi lavorare con fornitori da tutto il mondo, offrendo ai tuoi clienti una gamma di prodotti che altrimenti sarebbe difficile reperire.

Contro del Drop Shipping e della Produzione su Domanda

- *Qualità e Controllo:* L'assenza di controllo diretto sui prodotti può portare a problemi di qualità. Se un prodotto è difettoso o non soddisfa le aspettative, il danno alla reputazione del venditore può essere significativo, anche se il problema non è direttamente imputabile a lui.

- *Dipendenza dai Fornitori:* La qualità del servizio e la velocità di consegna dipendono dai fornitori. Un ritardo o un errore da parte loro può danneggiare la reputazione del tuo negozio. Inoltre, i fornitori possono aumentare i prezzi o cambiare le politiche senza preavviso.

- *Concorrenza e Margine di Profitto*: Il drop shipping, in particolare, è un settore molto competitivo. I margini di profitto possono essere bassi, specialmente se ci si concentra su prodotti molto popolari e competitivi.

Trovare una nicchia unica o un prodotto di alta qualità diventa cruciale.

- *Difficoltà nel Servizio Clienti*: Senza un controllo diretto sulla catena di approvvigionamento, gestire le lamentele dei clienti può diventare complesso. Le risposte ai problemi devono spesso passare attraverso il fornitore, rallentando il processo.

- *Limitazioni di Branding:* La personalizzazione e il branding possono essere limitati, specialmente nella produzione su domanda. Se il fornitore non offre opzioni di personalizzazione, il tuo marchio potrebbe non distinguersi.

Conclusione
Entrambi i modelli, drop shipping e produzione su domanda, offrono una via d'accesso all'e-commerce con un'investimento iniziale più basso e senza le complicazioni dell'inventario. Tuttavia, richiedono una gestione attenta della qualità, un'ottima relazione con i fornitori, e una strategia di nicchia per emergere in un mercato competitivo. Il successo in questi modelli di business spesso dipende dalla capacità di trovare prodotti unici o di alta qualità, costruire una forte strategia di marketing e branding, e gestire efficacemente

le aspettative e i servizi per i clienti. La chiave è in una continua ricerca di innovazione e adattamento alle esigenze del mercato, mantenendo al tempo stesso un controllo stringente sulla qualità e il servizio, anche se mediato da terzi.

Capitolo 14:
Servizi di Consulenza
per Smart Home

Pro e Contro dei Servizi di Consulenza per Smart Home

Il settore dei servizi di consulenza per le Smart Home è in rapida ascesa, spinto dall'espansione dell'Internet delle Cose (IoT). Offrire consulenze per l'installazione, la manutenzione, e l'aggiornamento di questi sistemi può rappresentare un'opportunità d'oro, ma presenta anche sfide specifiche.

Pro dei Servizi di Consulenza per Smart Home

- *Domanda in Crescita:* Con l'avvento di dispositivi IoT sempre più accessibili, la domanda per consulenze su come integrare questi dispositivi in casa è in aumento. Le Smart Home non sono più un lusso, ma una tendenza nel migliorare l'efficienza domestica e la sicurezza.

- *Personalizzazione:* La consulenza permette una personalizzazione estensiva dei sistemi. Ogni casa e famiglia ha esigenze diverse; un consulente può progettare soluzioni che si adattano perfettamente alle necessità specifiche dei clienti, dal controllo del clima, alla sicurezza, fino all'automazione delle luci.

- *Innovazione e Aggiornamenti:* Il campo della domotica è in continua evoluzione. I consulenti possono mantenere i clienti aggiornati con le ultime tecnologie e assicurarsi che i sistemi siano sempre all'avanguardia, offrendo servizi di aggiornamento hardware e software.

- *Servizi Aggiuntivi:* Oltre all'installazione, i consulenti possono offrire servizi di manutenzione periodica, supporto tecnico, e consulenza su come utilizzare al meglio i dispositivi, creando un rapporto di fiducia a lungo termine con i clienti.

- Educazione e Formazione: Molti utenti non sono tecnologicamente avanzati. Un servizio di consulenza include spesso l'educazione su come utilizzare e gestire i sistemi Smart Home, aumentando la soddisfazione del cliente e la loro indipendenza tecnologica.

Contro dei Servizi di Consulenza per Smart Home

- Costi Iniziali e Continuativi: L'acquisto di dispositivi IoT può essere costoso, e i clienti potrebbero esitare di fronte ai costi iniziali o a quelli di manutenzione. Anche se i costi si possono recuperare nel tempo con l'efficienza energetica, questo può rappresentare una barriera all'entrata.

- Complessità Tecnica: La tecnologia IoT è complessa e in rapida evoluzione. I consulenti devono rimanere costantemente aggiornati, il che richiede tempo e risorse dedicate alla formazione. Inoltre, la compatibilità tra diversi dispositivi può essere problematica.

- Sicurezza e Privacy: Uno dei maggiori timori è la sicurezza informatica. Un consulente deve essere in grado di garantire che i sistemi

installati siano sicuri contro le intrusioni hacker e proteggano la privacy degli utenti. Questo richiede competenze avanzate in sicurezza informatica.

- *Dipendenza dalla Tecnologia*: I clienti possono diventare dipendenti dai consulenti per risolvere problemi tecnici o per aggiornamenti, creando un rapporto di servitù tecnologica che potrebbe non essere sempre ben accolto.
- *Mercato Saturato:* Con l'aumento della popolarità delle Smart Home, il mercato potrebbe diventare saturo di consulenti, portando a una competizione più dura e potenzialmente a una riduzione dei margini di profitto.

Conclusione
La consulenza per Smart Home è un campo con un potenziale di crescita significativo, specialmente con l'avanzamento della tecnologia IoT. Tuttavia, richiede una competenza continua, una gestione attenta delle aspettative dei clienti riguardo alla sicurezza e alla privacy, e una strategia di business che non solo risponda alla domanda attuale ma che sia anche in grado di evolversi con la tecnologia. Il successo in questo settore

dipenderà dalla capacità dei consulenti di offrire soluzioni personalizzate, sicure, e costantemente aggiornate, bilanciando le esigenze dei clienti con le innovazioni tecnologiche. La chiave sarà costruire una reputazione di affidabilità e competenza, mantenendo un occhio critico sulla protezione dei dati e sulla facilità d'uso, per trasformare le case in ambienti intelligenti che migliorino veramente la vita quotidiana.

Capitolo 15:

Servizi di Consulenza Aziendale Specializzata in Transizione Digitale

Servizi di Consulenza Aziendale Specializzata in Transizione Digitale: Pro e Contro

Pro:

1. *Aumento della Competitività:* La transizione digitale non è solo un trend ma una necessità per rimanere competitivi nel mercato globale. Le consulenze specializzate possono aiutare le aziende a sfruttare le nuove tecnologie come l'Intelligenza Artificiale, l'Internet of Things

(IoT), e il cloud computing, migliorando efficienza e produttività. Questo è evidente dalle recenti tendenze che mostrano una crescita del mercato digitale in Italia con un incremento del 2,1% nel 2023, spinto da innovazioni tecnologiche che promettono una crescita media annua del 3,9% fino al 2027 ([3]).

2. *Sostenibilità e Innovazione*: La consulenza digitale non si limita alla tecnologia ma include una trasformazione culturale e organizzativa verso modelli di business più sostenibili. Questo non solo risponde alle esigenze di mercato ma anche a quelle dei consumatori più giovani e attenti all'impatto ambientale. Le strategie del governo italiano per il 2024 puntano su iniziative che promuovono l'innovazione tecnologica, inclusa l'IA, indicando un forte interesse verso una crescita sostenibile ([2]).

3. *Personalizzazione e Scalabilità*: Le consulenze specializzate possono offrire soluzioni su misura, adattate alle specifiche esigenze di un'azienda, che possono variare da miglioramenti nella gestione dei dati a strategie di marketing digitale. Questo permette alle aziende di scalare i loro business

in modo sostenibile, adattandosi alle nuove tecnologie e esigenze di mercato ([4]).

4. *Accesso a Fondi e Sussidi:* In Italia, con l'avvento del PNRR, ci sono opportunità significative per le aziende che intraprendono percorsi di digitalizzazione. Ad esempio, la Lombardia ha stanziato 20 milioni di euro per sostenere la trasformazione digitale delle imprese, evidenziando l'importanza di tali consulenze per accedere a fondi specifici ([6]).

Contro:

1. *Costo e Ritorno sull'Investimento*: Anche se i fondi sono disponibili, l'implementazione di una consulenza digitale può essere costosa. Non tutti i settori o le dimensioni delle imprese possono giustificare l'investimento iniziale, soprattutto se il ritorno non è immediato o chiaro. Questo potrebbe essere un freno per le PMI, che rappresentano una buona parte dell'economia italiana.

2. *Dipendenza dalla Tecnologia*: Mentre la digitalizzazione aumenta l'efficienza, rende anche le aziende più dipendenti dalla tecnologia. Questo può portare a vulnerabilità in caso di fallimenti tecnici o cyber-attacchi,

richiedendo un ulteriore investimento in sicurezza.

3. *Resistenza al Cambiamento*: La trasformazione digitale richiede un cambiamento culturale e organizzativo che non tutte le aziende sono pronte ad affrontare. La resistenza all'interno dell'azienda, specialmente tra i dipendenti più anziani o meno digitali, può ostacolare l'implementazione delle nuove tecnologie, rendendo il processo più lungo e complicato.

4. *Sovrastruttura e Complessità:* Come notato su X, la digitalizzazione in Italia spesso si traduce in una sovrastruttura piuttosto che in una semplificazione, digitalizzando la burocrazia anziché semplificarla ([post 2]). Questo può portare a sistemi complessi e meno user-friendly, rendendo l'adozione della tecnologia meno intuitiva e più frustrante per gli utenti finali.

5. *Rischi di Privacy e Sicurezza*: L'adozione di tecnologie avanzate come l'IA e l'IoT comporta rischi significativi in termini di sicurezza dei dati e privacy. La gestione di questi aspetti richiede competenze specifiche che non tutte

le aziende possono avere internamente,
aumentando la dipendenza dai consulenti.

Conclusione:

La consulenza aziendale specializzata in
transizione digitale rappresenta un campo con
enormi potenziali benefici ma anche con sfide
significative. Le aziende che riescono a
navigare questi cambiamenti con l'aiuto di
consulenti competenti possono trarre
vantaggio da un miglioramento della
competitività, maggiore sostenibilità, e accesso
a finanziamenti. Tuttavia, è essenziale
considerare i costi non solo finanziari ma
anche culturali e tecnici, assicurandosi che la
transizione sia gestita in modo che porti a una
vera semplificazione e miglioramento, e non
solo a una complessità aumentata. La chiave
sta nell'equilibrio tra innovazione e praticità,
garantendo che ogni passo verso la
digitalizzazione sia ben ponderato e allineato
con gli obiettivi a lungo termine dell'azienda.

Capitolo 16:

Educazione Finanziaria e Investimento

Educazione Finanziaria e Investimento: Pro e Contro

Pro:

1. *Empowerment Personale:* L'educazione finanziaria dà agli individui gli strumenti necessari per prendere decisioni informate riguardo al loro denaro. Questo non solo aumenta la consapevolezza finanziaria ma permette anche una gestione più efficace delle risorse, portando a una maggiore indipendenza economica. La ricerca indica che le persone con una buona educazione finanziaria tendono a risparmiare di più, investire meglio e avere un'idea più chiara del loro futuro economico.

2. *Accesso a Opportunità di Investimento*: Con la crescente digitalizzazione dei servizi finanziari, chi è educato finanziariamente può sfruttare le opportunità offerte da mercati globali, come le criptovalute, le azioni, e i fondi comuni di investimento, che prima sarebbero stati inaccessibili o troppo rischiosi per molti.

3. *Prevenzione degli Errori Finanziari*:
Un'educazione finanziaria adeguata può
prevenire errori comuni come il debito
eccessivo, l'investimento in schemi Ponzi, o la
cattiva gestione del credito. Questo è
particolarmente rilevante in un'epoca dove le
truffe finanziarie online sono in aumento.

4. *Maggiore Sicurezza Economica*: Individui
con competenze finanziarie sono meglio
equipaggiati per affrontare emergenze
economiche, come perdita di lavoro o crisi
sanitarie, avendo accumulato riserve o
investito in beni che possono essere liquidati
rapidamente.

5. *Sostenibilità e Responsabilità:* Con
l'educazione finanziaria, c'è una crescente
tendenza verso investimenti sostenibili, che
non solo promettono rendimenti ma anche un
impatto positivo sull'ambiente o sulla società,
riflettendo un cambiamento culturale verso la
responsabilità sociale.

Contro:

1. *Complessità del Mercato Finanziario:* Il
mondo della finanza è complesso e in continua
evoluzione. Anche con un'educazione di base,

gli investitori possono trovarsi sopraffatti da nuove regolamentazioni, prodotti finanziari innovativi, o fluttuazioni di mercato che richiedono competenze avanzate per essere gestite correttamente.

2. *Rischio di Iper-Gestione*: Un'educazione finanziaria potrebbe spingere alcune persone a micro-gestire i loro investimenti, reagendo troppo rapidamente ai cambiamenti del mercato, il che può portare a decisioni impulsive e, spesso, sbagliate. La disciplina di lasciare che gli investimenti maturino richiede una comprensione approfondita non solo dei mercati ma anche della psicologia dell'investitore.

3. *Accesso Disparitario*: Non tutti hanno lo stesso accesso all'educazione finanziaria. Questo divario può accentuare le disuguaglianze economiche, dove chi ha risorse può migliorare la propria situazione finanziaria mentre chi non ne ha, rimane indietro, creando una sorta di "elite finanziaria" digitalmente alfabetizzata.

4. *Frode e Speculazione:* L'educazione finanziaria potrebbe rendere le persone più consapevoli, ma non immuni dalle frodi. Anzi,

un livello intermedio di conoscenza potrebbe far cadere gli investitori in trappole più sofisticate, dove la loro fiducia nella propria competenza li rende vulnerabili.

5. *Stress e Ansia Finanziaria:* La consapevolezza dei rischi e delle opportunità nel campo finanziario può aumentare lo stress, soprattutto in periodi di alta volatilità del mercato. Questo può portare a una gestione ansiosa del denaro, dove il timore di perdere guadagni o capitale domina le decisioni finanziarie.

Conclusione:

L'educazione finanziaria e l'investimento rappresentano un terreno fertile per chi cerca di migliorare la propria posizione economica. Tuttavia, come ogni campo, ha i suoi vantaggi e le sue sfide. Mentre l'educazione finanziaria può aprire le porte a opportunità che altrimenti resterebbero chiuse, richiede anche una continua formazione, una gestione emotiva del rischio, e una consapevolezza critica verso le informazioni e le offerte presenti nel mercato.

Nel panorama del 2024-2025, dove la tecnologia e la digitalizzazione offrono piattaforme e strumenti senza precedenti per l'educazione e l'investimento, è cruciale bilanciare l'entusiasmo per l'apprendimento con una sana dose di cautela e una strategia di lungo termine. Questo equilibrio potrebbe essere la chiave per sfruttare appieno i benefici offerti da questo settore in continua evoluzione.

Capitolo 17:

App per la Prenotazione di Servizi per Animali Domestici

Pro e Contro delle App per la Prenotazione di Servizi per Animali Domestici

Introduzione:

Con l'aumento della popolazione di animali domestici e la crescente urbanizzazione, la gestione degli animali da compagnia è diventata più complessa e sofisticata. Le app per la prenotazione di servizi per animali domestici, come toelettatura, dog sitting, e veterinari, sono emerse come una soluzione conveniente. Tuttavia, come ogni innovazione, queste app presentano sia vantaggi che svantaggi.

Pro:

1. *Comodità e Accessibilità:* Le app offrono un accesso facile e immediato ai servizi per gli animali. Gli utenti possono prenotare appuntamenti a qualsiasi ora, senza la necessità di chiamate telefoniche o attese in linea. Questo è particolarmente vantaggioso per persone con orari di lavoro frenetici.

2. *Gestione Efficiente:* Le app spesso integrano calendari e reminder, aiutando i proprietari a non dimenticare appuntamenti importanti come vaccinazioni o toelettatura. Questo può prevenire situazioni di emergenza o negligenza involontaria.

3. _Recensioni e Trasparenza:_ Molte app permettono ai clienti di lasciare recensioni, fornendo una trasparenza che aiuta i nuovi utenti a scegliere servizi affidabili. Questo sistema di recensioni crea un mercato autoregolamentato dove solo i migliori servizi emergono.

4. _Personalizzazione_: Le app possono offrire opzioni personalizzate per le esigenze specifiche degli animali, come servizi per cani anziani, gatti timidi, o animali con particolari esigenze mediche.

5. _Costo e Concorrenza_: La competizione tra i servizi offerti dalle app può portare a prezzi più accessibili. Inoltre, molte app offrono pacchetti o sconti che possono rendere i servizi più economici nel lungo periodo.

Contro:

1. _Dipendenza dalla Tecnologia:_ La necessità di un accesso costante a smartphone e internet può essere un limite per chi non è tecnologicamente versato o vive in aree con scarsa connettività.

2. *Riservatezza e Sicurezza:* Condividere informazioni personali, come indirizzi e orari di assenza, attraverso un'app, può sollevare preoccupazioni sulla sicurezza. Anche se le app sono progettate con sicurezza in mente, non si può mai escludere completamente il rischio di breaching.

3. *Qualità del Servizio Variabile:* Nonostante le recensioni, la qualità può variare. Alcuni utenti hanno segnalato esperienze negative, come servizi non all'altezza delle aspettative o persino casi di cattiva condotta, come invasione della privacy o trascuratezza degli animali.

4. *Sovraccarico di Informazioni:* La facilità di prenotazione può portare a un sovraccarico di richieste, rendendo difficile per i fornitori di servizi rispondere a tutti. Questo può risultare in una cattiva esperienza per l'utente, che potrebbe non ricevere risposte o conferme in tempo utile.

5. *Costi Imprevisti:* Mentre le app possono offrire pacchetti economici, ci possono essere costi aggiuntivi non previsti, come servizi extra o spese di cancellazione, che possono accumularsi se non gestiti con attenzione.

Conclusione:

Le app per la prenotazione di servizi per animali domestici rappresentano un significativo passo avanti nella gestione degli animali, offrendo comodità, efficienza e una certa forma di trasparenza attraverso le recensioni. Tuttavia, presentano anche dei rischi, come la sicurezza dei dati personali, la variabilità della qualità del servizio, e la potenziale dipendenza dalla tecnologia. Per i proprietari di animali, l'uso di queste app potrebbe richiedere un equilibrio tra sfruttare i vantaggi offerti e essere consapevoli dei potenziali svantaggi, come la necessità di fare ricerche approfondite sui fornitori di servizi e mantenere alta la guardia riguardo alla privacy. In definitiva, mentre queste app possono semplificare la vita, non sono una soluzione priva di criticità e devono essere utilizzate con intelligenza e prudenza.

Capitolo 18:
Co-Hosting

Introduzione

Il Co-Hosting è un'innovazione nel settore dell'ospitalità che mira a collegare proprietari di alloggi con gestori professionisti, facilitando la gestione degli affitti senza la necessità di coinvolgimento diretto del proprietario. Questo modello si propone come una soluzione per molti proprietari che desiderano sfruttare il potenziale del loro immobile senza il carico amministrativo e operativo che comporta la gestione autonoma. Analizziamo i pro e i contro di questa tendenza emergente.

Pro del Co-Hosting:

1. _Riduzione dello Stress di Gestione:_
   - Il proprietario può delegare tutte le attività di gestione, dalla pulizia all'accoglienza degli ospiti, fino alla manutenzione. Questo permette di trasformare un immobile in una fonte di reddito passivo.

2. _Occupazione Ottimizzata:_
   - I gestori professionali tendono ad avere una maggiore capacità di mantenere l'alloggio occupato attraverso marketing, offerte speciali, e gestione dei calendari. Questo può

tradursi in un aumento del tasso di occupazione e, di conseguenza, delle entrate.

3. _Miglioramento della Recensione:_
   - La gestione professionale spesso porta a un servizio superiore, che può migliorare le recensioni degli ospiti, fondamentali per il successo a lungo termine su piattaforme come Airbnb.

4. _Adattamento a Regolamentazioni Locali:_
   - Gestori esperti conoscono meglio le regolamentazioni locali, riducendo i rischi legali e amministrativi per il proprietario.

5. _Scalabilità:_
   - Per chi possiede più proprietà, il co-hosting può essere un metodo per scalare l'attività senza un aumento proporzionale del lavoro.

6. _Maggiore Sicurezza:_
   - La presenza di un gestore può aumentare la sicurezza dell'alloggio, riducendo il rischio di danni o furti.

Contro del Co-Hosting:

1. _Costi Aggiuntivi:_

- I servizi di co-hosting non sono gratuiti. Il proprietario deve dividere i guadagni con il gestore, che potrebbe variare dal 20% al 50% o più, a seconda dell'accordo.

2. *Perdita di Controllo:*
   - Delegare la gestione significa cedere il controllo su come l'alloggio viene gestito, incluso l'accoglienza degli ospiti, la manutenzione, e persino le tariffe.

3. *Qualità del Servizio*:
   - Non tutti i gestori sono uguali. Potrebbe esserci una variabilità nella qualità del servizio offerto, che può influenzare le recensioni e la reputazione del proprietario.

4. *Complessità Legale e Fiscale:*
   - Anche se i gestori possono gestire meglio le normative, la complessità legale e fiscale può aumentare, specialmente se il proprietario non è direttamente coinvolto.

5. *Dipendenza dal Gestore*:
   - Se il proprietario diventa troppo dipendente dal gestore, cambiamenti nelle politiche o nel management possono avere un impatto significativo sull'attività.

6. *Rischi di Comunicazione*:
   - La comunicazione tra proprietario, gestore, e ospiti può diventare complessa, specialmente se ci sono problemi che richiedono l'attenzione diretta del proprietario.

Conclusione

Il co-hosting rappresenta un'opportunità significativa per i proprietari di immobili che cercano di massimizzare il rendimento delle loro proprietà senza l'onere della gestione diretta. Tuttavia, come ogni modello di business, presenta sia vantaggi che svantaggi. La chiave per il successo in questo settore risiede nella selezione di un gestore affidabile e nella negoziazione di un accordo che equamente divida i rischi e i benefici. Per chi considera questa opzione, è essenziale ponderare attentamente i costi contro i benefici, valutando anche l'impatto sulla propria immagine e sul proprio coinvolgimento futuro nella gestione dell'alloggio. Il co-hosting, quindi, non è una soluzione universale, ma per molti potrebbe essere la chiave per trasformare l'immobile in una fonte di reddito passivo efficiente e redditizia.